나비야 나비야

박재성 시인의 첫 번째 시집

나비야 나비야

초판 1쇄 인쇄 2024년 12월 24일
초판 1쇄 발행 2025년 01월 10일

신고번호 제313-2010-376호
등록번호 105-91-58839

지은이 박재성

발행처 보민출판사
발행인 김국환
기획 김선희
편집 조예슬
디자인 다인디자인

주소 경기도 파주시 해올로 11, 우미린더퍼스트@ 상가 2동 109호
전화 070-8615-7449
사이트 www.bominbook.com

ISBN 979-11-6957-264-4   03810

- 가격은 뒤표지에 있으며, 파본은 구입하신 서점에서 교환해드립니다.
- 이 책은 저작권법에 의하여 보호를 받는 저작물이므로 무단 전재와 복사를 금합니다.

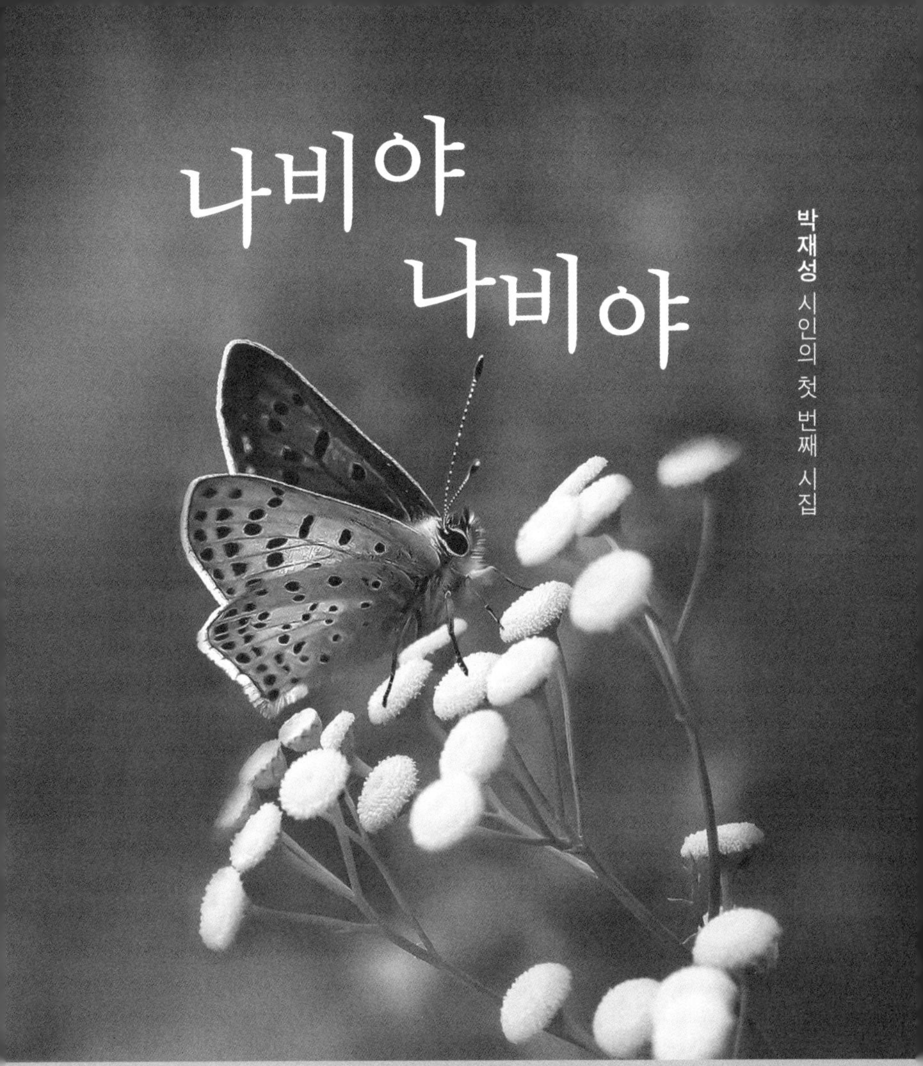

나비야 나비야

박재성 시인의 첫 번째 시집

허전함을 안고 눈물로 달래 보지만

무엇으로도 달래지지 않아 그냥 아파만 합니다

보민출판사

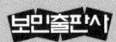

추천사

　박재성 시인의 첫 시집 『나비야 나비야』는 시인이 삶 속에서 마주한 그리움과 사랑의 순간을 섬세하게 담아낸 작품이다. 이 시집은 계절의 흐름과 자연을 배경으로, 시간 속에서 성숙해가는 감정들을 한 편 한 편의 시로 엮어내어 독자들에게 따스한 여운을 남긴다.

　<제1부 어머니의 그리움>에서는 부모님을 향한 애틋한 사랑과 그리움이 뚜렷하게 드러난다. 시인은 잔잔한 언어로 어린 시절의 추억과 어머니의 존재가 주는 위로를 이야기한다. '사랑 고백'에서 시인은 조용히 다가가려는 사랑과 그리움의 감정을 솔직하게 표현한다. '말없이 다가가면 / 말없이 밀어내더니'라는 구절은 담담하게 다가가는 사랑의 모습이면서도 기다림의 아픔을 내포하고 있다. 또한, '어머니의 그리움'에서는 '저녁노을을 바라보며 / 포대기에 감싼 아들을 업고 / 누구를 기다리는지 / 아들은 그날의 따뜻한 등을 기억합니다'와 같은 구

절이 독자의 마음을 아련하게 두드린다. 이 시는 독자들로 하여금 자신만의 어머니를 떠올리게 하며 잊고 지낸 마음의 따뜻함을 일깨우고 있다.

<제2부 코스모스 사랑>에서는 시인이 자연과 사랑을 엮어내는 솜씨가 빛난다. 자연의 아름다움 속에 피어나는 사랑은 순수하면서도 애틋하게 전해진다. '5월의 그리움'과 '능소화 사랑'은 그리움 속에서 피어나는 설렘을 그리고 있으며, 특히 '능소화 사랑'에서는 '담장 위까지 기어올라 / 붉게 탄 가슴 숨긴 채 / 곁눈질로 / 발끈한 눈빛 주는 너'라는 구절에서 능소화에 비유된 사랑의 간절함과 다가가고 싶은 마음이 섬세하게 그려져 있다. 시인은 자연 속에서 사랑의 감정을 발견하고, 그것을 독자들에게 투명하게 전달하며 사랑의 모습이 얼마나 다양한지 보여준다.

<제3부 당신만을 사랑하리라>는 가을과 겨울을 배경으로 성숙해가는 사랑과 깊어지는 그리움을 이야기한다. 시인은 계절의 변화를 통해 마음속에 피어나는 감정을 섬세하게 그려내며, 계절의 쓸쓸함과 그 속에서 피어나는 사랑의 강한 끌림을 담아내고 있다. 특히 '눈물의

바다'는 사랑의 아픔을 극복하려는 마음을 아름다운 표현으로 담아내며, '울고 싶지 않은데 / 눈물이 나와'라는 구절을 통해 독자는 사랑의 고통을 자신의 것처럼 느끼게 된다. 또한 '나비야 나비야'에서는 '나비야 나비야 / 그 사람과 / 나 사이에도 / 꽃 점 하나 떨궈주렴'이라는 구절이 사랑의 순수하고도 간절한 염원을 전달하며, 봄날의 화사함 속에서도 그리움이 피어나는 순간을 상상하게 한다.

시집 『나비야, 나비야』를 통해 독자들은 봄의 설렘, 여름의 뜨거움, 가을의 쓸쓸함, 겨울의 차가움 속에 감추어진 사랑의 면모를 발견하게 될 것이다. 시인의 따뜻한 시선과 깊은 감정이 담긴 이 시집은 일상의 순간을 특별하게 만드는 힘이 있으며, 독자들의 가슴속 깊은 곳에 오래도록 남아 사랑과 그리움의 아름다움을 새롭게 발견하게 할 것이다.

2024년 12월
편집위원 **김선희**

시인의 말

늦깎이 글쟁이의
변변찮은 글을 누가 읽어 줄까만
그래도 내 이름 걸고 나오는 시집이라니
충혈된 눈을 달래가며 집중해 본다

좀 쉽게 읽을 수 있고
읽으며 고개를 끄덕일 수 있다면
독자에게 가까이 다가갈 기회가 될 것 같아
2022년 글 중에서 선별해 보았다

첫 시집
첫눈 밟는 설렘으로 기다린다

다연 황숙 시인님의 재촉에 감사하며
발간에 도움 주신 한국예술인복지재단에 감사드립니다

2024년 12월
시인 **박재성**

○ 목차

추천사 … 4

시인의 말 … 7

제1부

•

**어머니의
그리움**

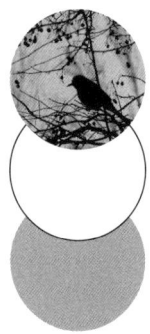

사랑 고백 … 14
눈 내리는 날 … 15
눈 추억의 단상 … 16
얼마나 더 기다려야 하니 … 18
아가의 미소 … 20
당신이 보고 싶으면 … 22
내 가슴이 더 … 23
봄의 전령 … 24
봄 봄 봄 … 26
아버지 … 28
봄이 오면 … 30
봄 오듯이 … 32
친구야 … 34
어허 봄 … 36
엄마 … 38
봄의 용틀임 … 40
그 봄날에 … 42
그대의 향기 … 43
아침 봄비에 … 44
어머니의 그리움 … 46
당신의 향기 … 48

제2부

•

코스모스 사랑

너 때문에 … 50

홀씨로 날아 … 52

천사의 미소 … 53

이팝나무꽃 미소 … 54

5월의 그리움 … 55

아름다운 5월 … 56

그리움 … 57

사랑 후에 … 58

설렘 … 60

빈 의자 … 61

6월의 숲속 길 … 62

6월 들녘에 앉아 … 64

호수 … 65

6월 푸르른 날 … 66

능소화 사랑 … 68

이 눈물은 … 70

이슬 … 72

뜨거운 가슴 … 73

눈물로 지새우는 밤 … 74

코스모스 사랑 … 76

목백일홍꽃 … 78

제3부

당신만을 사랑하리라

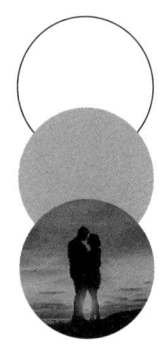

8월 볕에 … 80
나비야 나비야 … 82
비 오는 날 … 84
두 번은 울고 싶지 않은 것처럼 … 86
능소화에 새긴 마음 … 88
이 가을에는 … 89
가을밤 … 90
가을날에는 … 92
가을 가슴 … 93
가을이 되리라 … 94
꿈 … 96
가을 그리움 … 97
가을 사랑 … 98
눈물의 바다 … 99
이 가을에는 … 100
가을 여행 … 102
어머니의 거울 앞에서 … 104
붉은 단풍 … 106
술 한잔할래 … 107
가을바람아 … 108
아픔으로 누워있습니다 … 110
억새의 가을 … 112
낙엽의 기억 … 113
당신만을 사랑하리라 … 114
눈 내리는 날 … 115
오빠가 최고란다 … 116

하얀 세상 … 118
첫눈 … 120
겨울비 … 121
하얀 겨울 … 122
겨울바람 … 124
하얀 겨울 숲에서 … 125
불꽃 … 126

제1부

어머니의 그리움

당신이 보고 싶으면 어디로 가야 하나
그리움이 응축된 눈물마저 길을 잃고 떨어지는 이 밤에

사랑 고백

말없이 다가가면
말없이 밀어내더니

끝내 입을 연 너의 한마디
사랑해

너의 마음을 연 그 한마디에
속 태워 야속했던 마음은
어디로 가고

너의 가슴으로 파고드는 내 마음은
헤벌레
모든 것을 주고 있다

주어도 아깝지 않은
내 사랑을

눈 내리는 날

나갈까
나가지 말까

나가서 눈을 맞으면
네 생각이 날 것 같고

창밖의 눈을 바라보면
네 생각에 울 것 같고

잊으려 잠이라도 들면
네 꿈을 꿀 것 같은

하얀
그리움이 내리는 날

눈 추억의 단상

누군가
하얀 눈 뭉치를 던지면
눈싸움이 시작되고

누군가
하얀 눈을 뭉쳐 굴리면
눈사람이 탄생하고

누군가
하얀 눈 언덕에서 미끄러지면
눈썰매가 내려왔다

우리의 어린 시절은
몸으로 하는 눈 사랑이었는데

요즘 어린이들은
돈으로 하는 눈 사랑이 되었다

공부에 쫓겨
눈이 와도 공부방에서 홀로 보내고

계절을 잊고
해외의 스키장 눈썰매장으로 가고

방 안에서
스크린으로 세계의 눈을 보는 시대

반세기 후
눈에 대한 추억 시詩에는
누군가는 없고
돈 냄새만 날 것 같다

얼마나 더 기다려야 하니

시끄럽던 소음이 사라지고
어둠이 짙어지면

어둠의 정기가
내 슬픔의 아우라인 양
사방으로 뻗치는 그리움

혼자라서 외로운 것이 아니라
네가 없어서 외로운 이 가슴

가슴 안에 동그마니 앉아서
돌아보지 않는 너를
이만큼이나 불렀으면
돌아볼 만도 한데

오늘도 그런 너를 안고
돌아보기만을 간절히 바라는데

싸늘한 너의 뒷모습만

눈가에 밟혀

말보다도 눈물로 보내는 시간

너를

얼마나 더 기다려야 하니

아가의 미소

햇살 고운 날에
방긋방긋 미소 짓는 아가
이만한 축복이 있겠는가

하얀 첫눈 내리는 날에
꾸욱 꾸욱 지르밟는 아가
이만한 경이가 있겠는가

붉은 장미꽃을 보던 날에
동그랗게 눈을 뜨는 아가
이만한 사랑이 있겠는가

한순간
포근한 햇살
새하얀 눈
아름다운 꽃이 사라진다면

아가의 축복

아가의 경이
아가의 사랑은 어디서 보려나

우리가
오늘만 편하게 살고자 한다면

우리 아가의 내일은
어디서 찾아야 하려나

당신이 보고 싶으면

꽃무릇이 보고 싶으면
불갑사로 가고

붉은 단풍이 보고 싶으면
내장산으로 가고

하얀 눈이 보고 싶으면
울릉도로 가면 되는데

당신이 보고 싶으면
어디로 가야 하나

그리움이 응축된 눈물마저
길을 잃고 떨어지는 이 밤에

내 가슴이 더

내가 아니야
내 가슴이지

너만 만나면
내 가슴은 뛰어

뛰라고 안 했는데
알아서 뛰어

나는
얼굴만 붉힐 뿐인데

내 가슴은
너만 바라봐

나보다
내 가슴이 더
너를 사랑하나 봐

봄의 전령

이맘때면
설산의 눈이 녹아
땅속 어둠 속으로 젖어 들어
길고 긴 목마름을 달래준다

이맘때면
찬바람 지날 때
따뜻한 바람 한 줄 섞이어
참았던 숨구멍을 열어준다

이맘때면
한낮의 햇살 안고
태양이 한 걸음 다가와
연둣빛 봄 사랑에 불을 붙인다

이맘때면
노루귀 쫑긋 세우고
봄이 오는 소리 들으려

꽃으로 피어 불쑥 얼굴 내민다

이맘때면
모두의 가슴에도
봄을 향해 기지개 켜는
봄꽃 한 송이 피어난다

봄 봄 봄

양지 녘 흙 돌담 위에
사뿐히 앉은 햇살아
포근한 한낮의 졸림 안고
무엇을 기다리니

나뭇가지의 꽃망울을
살포시 스치는 바람아
달콤한 너의 입맞춤에는
무엇을 담고 있니

시냇가 버들강아지에
노래 불러주는 냇물아
눈 녹아 맑아진 목소리
무엇을 노래하니

햇살도
바람도
냇물도

봄 봄 봄

차가운 겨울 동산에서
싸늘히 식은 너의 가슴에
사랑의 싹이 다시 돋기를
기다리는 내 마음도
봄 봄 봄

아버지

개울에 얼음이 얼면
넓은 나무를 자르고
굵은 철사를 붙여
썰매를 만들고

아들을 썰매에 앉히고는
미끄러운 얼음판을 조심조심
밀어주고
끌어주고
넘어지면 일으켜 앉혀주시며

차가운 바람을 헤치며
미끄러져 가는 그 빠르기
그 미끄럼의 흔들림에
가슴 신났던 순간에
내 아버지는 뒤에 계셨습니다

사회라는 싸늘한 세상에서

일을 풀어나가고
사람과의 유대를 맺고
삶의 어려움을 헤쳐가는
내 뒤에는
아버지의 그 손길이 늘 있었습니다

병상에 누워 계시며
말똥말똥한 눈빛으로
밀어주고
끌어주시던
그 손길을 접으려 하시는 아버지

차마
그 손길을 놓을 수가 없습니다
조금만 조금만 더
옆에서 제 손을 잡아주세요

아버지만큼
내 삶에 당당해질 때까지만이라도

봄이 오면

저 산의 흰 눈이 녹는
봄이 오면
산비탈 양지 녘
이름 모를 봄꽃 꺾어
입에 물고 오겠다던 사람

기다림의 외로운 시간
그날에 풀어 주겠다며
내 가슴에 기다림의
꽃씨 하나 심어 놓고
산길 넘어서 가버린 사람

저 산의 하얀 눈은
몇 번을 쌓이고 녹았던가
양지 녘 심어 놓은 봄꽃은
몇 번을 피고 지었던가

내 가슴속 기다림의 꽃은

계절을 잊어버린 채
까치발 세우며 훌쩍 커서는
점점 시들어만 가는데

나의 봄은
어찌해서 저 산을 넘지 못하고
해마다 돌아가는 것인가

봄 오듯이

봄 오듯이
내게 와 주세요

봄 오듯이
봄바람 같은
부드러운 속삭임으로
마음의 문을 열어주세요

봄 오듯이
봄 햇살 같은
포근한 눈빛으로
사랑의 씨앗 심어주세요

봄 오듯이
봄 개울 같은
맑은 미소 담아
마음 밭에 물을 뿌려주세요

봄 기다리듯이
마음의 문고리 잡고
당신을 기다리겠습니다

친구야

눈 오는
첩첩산중에
집이 몇이나 되었다고

나 눈썰매 탈 때
너 밥 먹었더냐

그 밥숟가락에
네 이름
내 이름 써 놓았더냐

그 첩첩산중에
오늘도 눈이 내린다

소담스러운
흰 눈송이마다
네가 앉아서
깔깔 웃는다

인마야
어서 이리 내려와

어허 봄

고개 쭈뼛이 내밀고
반겨달라는 봄

가만 다가가
와락 안으면

부드럽게 안아달라
앙탈을 부린다

나도 안아달라 조르는
겨울의 시샘에

긴 겨울 참았던 울분이
빨리 가라 재촉하니

뱁새눈 길게 뜨며
헛기침하고 돌아서면

봄

봄 햇살 앞세우고

봄바람 살랑거리며

봄꽃 피워 입에 물고는

꼬옥

안아달라 한다

엄마

엄마
엄마라는 이름에는

평생을
내 응석을 받아주어야 한다는
약속이 있나 봅니다

평생을
내 잘못을 감싸주어야 한다는
불문율이 있나 봅니다

평생을
나로 인한 눈물을 감추어야 한다는
모범이 있나 봅니다

나를
엄마라 부르는 아이 앞에서
이제야

깨달음의 눈물을 삼킵니다

엄마
그 아픈 이름을 불러봅니다

봄의 용틀임

봄 햇살
봄바람
그리고 봄비

너희가 일깨우는
봄의 생명력이
대지를 뚫는 힘으로 솟구쳐
내일을 기약하며

가쁜 숨소리로
천지를 진동시켜
초록의 당당함으로
봄을 펼치면

내 가슴마저
초록의 기운을 받아
격하게 내뱉는 숨이
지구의 축을 흔든다

이 봄이
살아서 용틀임한다

그 봄날에

봄꽃 피어나면
누군가에게 수줍게 미소 지을 거야

봄 햇살 내려오면
누군가를 포근히 안아 줄 거야

봄바람 불어오면
누군가와 어디론가 떠날 거야

봄꽃 수줍어하고
봄 햇살 포근하고
봄바람 살랑이는 날

나는
누군가를 사랑할 거야

그 봄날에
네가 내 앞에 있기를 바랄 뿐이야

그대의 향기

창문을 열고
봄기운을 받아들입니다
방 안 가득
집 안 가득

그리고
밤새 나와 함께한
그대의 향기를 뿌립니다

봄의 낙원이 되었습니다

아침 봄비에

정다운 소리런가

아침 커튼을 열면
언제부터
어디서부터 달려와
빈 창문을 두들기는가

푸르러져 가는 연둣빛 잎새들을
옛날의 자리로 돌려놓으려는
봄비의 하모니가

은은한 커피 향기를 부르고
내 옆에서 속삭이던
구수한 당신의 목소리를 부르면

나는
끝없는 그리움 속으로
자맥질해 들어가

풋풋했던 당신의 품속
그 정체된 시간 속에 잠긴다

어머니의 그리움

저녁노을을 바라보며
포대기에 감싼 아들을 업고
누구를 기다리는지
아들은 그날의 따뜻한 등을 기억합니다

저녁노을을 바라보며
아들의 등에 기대어
누구를 그리워하는지
아들도 아버지의 빈자리를 그리워합니다

어머니의 가슴에서
아옹다옹 60년 함께했던 시간이 멈추면
아들의 가슴에서는
금지옥엽 60년 지켜주던 시간이 멈춥니다

이제
저녁노을을 바라보며
멈추어진 시간을 다시 돌립니다

어머니의 기다림이 되고
어머니의 그리움이 되어

당신의 향기

눈을 열어
눈부신 봄 햇살 맞고

귀를 열어
속삭이는 봄바람 담고

두 팔 벌려
포근한 봄기운 안아
온몸을 달구는 시간

가슴을 열어
향긋한 봄꽃 같은
당신의 향기를 더하니

이 봄은
당신의 품속이더이다

제2부

코스모스 사랑

구름은 하늘은 나 몰라라 하는데
중간에 애먼 내 마음은 네게로만 흐른다

너 때문에

네가
걸어간 사랑 뒤에
그리움이 남았다

네가
남기고 간 그리움 뒤에
가슴 아픈 눈물이 남았고

그 눈물 뒤에
너를 기다리던
세월이 울고 있다

긴 밤을
네 별과 눈 마주하며
가슴을 쥐어짜 낸 눈물 한 방울로
증폭되는 그리움 앞에
속절없이 보낸 세월

너는
어떻게 책임지려 하니

홀씨로 날아

이 바람이
네게로 분다면

나는
홀씨로 날아

무심한
네 가슴에 내려

너의 꽃으로
피어나리라

천사의 미소

어린 생명의
미소 값이

내 조혈모세포라기에
아뜩한 고통을 참으며
주었습니다

내 유전자를 지닌 천사의
아름다운 미소를
샀습니다

---

*블로거 어린시절님의 이야기

이팝나무꽃 미소

밤새
잠을 못 잤어요

툭툭
이팝나무꽃 벙그는 소리에

툭툭
당신의 하얀 미소 떠올라서

5월의 그리움

5월 장미의
정열적인 붉은 미소에도
숨 멎을 것 같은 향기에도

잃어버린 나의 미소는
느낄 수 없는 나의 후각은

너의 가시에 찔린
내 가슴의 상처 때문이려나

5월 연고軟膏*로도 아물지 않는
그리움이라는

---

*살갗에 바르는 약제

아름다운 5월

하
숨도 못 쉬겠다

나의 날숨이
이 아름다운 5월의
티로 남을까 봐

어쩌면 좋니

그리움

네 생각
네 생각
그리고 또 네 생각

네 생각으로
이 바다를 가득 채웠더니

바다가
철썩이는 파도를 낳았다

보고 싶다
보고 싶다
그리고 또 보고 싶다

사랑 후에

아파서
너무 아파서
쥐어짠 가슴에서 흐르는
눈물이 강을 이루고

잊을 수 없어
잠을 못 이루고
온밤 흐르는 강물에
기억을 씻어내 보지만

마름 없는 강물처럼
새록새록 해지는 추억

어찌할 수 없어서
먼 하늘 바라보다
둥실
아침 해 올라오면

가슴속의 눈물 찍어

햇살 위에

붉은 맹세를 써 내려간다

다시는

다시는 사랑하지 않겠다고

설렘

네가 나를 바라보며
미소 짓고 있는데

내가 미치지 않았다면
가슴 설레지 않을 수 있겠니

이 설렘 안고
너에게 미치기로 했어

너의 그 미소를
끝까지 지켜주려고
너를 사랑하기로 했어

빈 의자

네가 떠난 후

나는 물이 되었고
나는 구름이 되었고
나는 별빛이 되었다

산과 들로 찾아 흘렀고
하늘을 떠돌아다녔고
어둠 속을 찾아 헤맸다

지쳐서 돌아온 나는
빈 의자가 되었다

지친 네가 돌아왔을 때
편히 앉아서 쉴 수 있는

6월의 숲속 길

햇살 한 점 내려오면
푸드드 나뭇잎 터는 소리

바람 한 줄 지나가면
까르르 풀잎 자지러지는 소리

하얀 나비 날갯짓에
들꽃 향기 풀풀 날리는 소리

멀리 산새들 울음소리에
풀무치 껑충거리는 소리

그 속에서 푸르름 들이키고
후우우 내쉬는 내 날숨소리

그리고
가만히 속삭이는 네 목소리

6월 상큼한 숲속에서 듣는

천상의 하모니

6월 들녘에 앉아

하얀 나비 한 마리 날아가면
나도 따라 너울너울

가는 바람 한 줄기 꽃잎 스치면
나도 따라 흔들흔들

햇살 아래 흰 구름 하나 흐르면
나도 따라 둥실둥실

6월의 푸르른 날에
내 마음도 덩달아 푸르른데

그리다 만
내 사랑의 수채화는
언제나 완성되려나

호수

잔잔한 호수에
내 마음 비치면
호숫물 붉어질까 봐

수줍어
다가가지 못하고
멀리서 바라만 봤는데

나 없는 호수에
그 사람 왔다가
호숫물 붉게 물들면

지나는 바람아
얼른 날 불러다오

6월 푸르른 날

6월
푸르름 익어가는 날

열린 창문으로
꽃향기 안고
꽃 미소 머금은
꽃바람이 살며시 들어와

부드럽게
나를 안으면

그 속에
당신의 향기
당신의 미소가 있는 듯하여

나는 온몸 떨어
당신을 안습니다

6월

당신 같은 날에는

능소화 사랑

발칙하다
발칙하다

뜨거운 햇볕 아래
고개 꼿꼿이 세우고
담장 위까지 기어올라
붉게 탄 가슴 숨긴 채
곁눈질로
발끈한 눈빛 주는 너

꽃이 너만 있더냐
꽃 따라 다른 마음
오고 갈 수 있거늘
질투에 눈이 먼 황당한 표정
너만 봐 달라고 하면
다른 꽃은 꽃이 아니더냐

제명에 지지 않고

제풀에 뚝뚝 떨어지니
고 성깔에다 마음 주었다간
내 명이 네 명 같아질까
내 눈이 네 눈 같아질까 두려워
황망히 발길 돌린다만

그래도
예쁘긴 예쁘다

이 눈물은

우정이었어
서로의 목표를 위해
함께 웃음을 더하고
함께 슬픔을 나누고
함께 가슴을 공유하던 시간

우정과 사랑의 경계에서
함께 넘어야 할 경계를
나 혼자 넘은 거야

너는 우정
나는 사랑

우정마저도 금이 간
위험한 불장난이었기에
벌을 받는 거야

나 혼자

활활 타오른 가슴속

불을 끄느라고

빗속에 숨어서

뜨거운 눈물을 흘리는 거야

이슬

이슬이라고
써 놓고는
더는 글을 쓸 수 없어서
손을 씻었다

또 씻고
또 씻고

아침 햇살에
이슬방울 하나
툭
떨어진다

뜨거운 가슴

긴 밤
별빛 바라보며
이야기했어
네 이야기

잠깐
잠들었는데
꿈을 꿨어
네 꿈

아침
햇살 반기며
인사했어
네게 하듯이

가슴
참을 수가 없어
뜨거워서
네 가슴도 이렇니

눈물로 지새우는 밤

꽃은 지면
이듬해 봄을 기다리는데
내게
그 봄은 몇 번을 지났는가

이미
내 몸의 수분을 다 짜낸 듯한데도
어제의 마지막 눈물 한 방울이
그리움의 밑둥지에 거름인 양

그리움이 낳은 미련
미련이 낳은 눈물이
가슴에 차고 넘쳐
세월 위에 적층 되는 밤

눈물에 맺힌 잔상이
너를 향한다

이젠

돌아오면 안 되겠니

코스모스 사랑

하얀 구름을 품으려나
맑은 하늘을 품으려나

까치발 모두 세우고
하늘로만 오르느라
가늘어진 허리로
바람을 가르며

고운 색 단장하고
밝은 미소 담은
해맑은 얼굴로
하늘 향해 방긋하며

좀 더 하늘에 닿으려
제 영혼 잘게 쪼개어
없는 듯 은근한 향으로
허공에 흩뿌려 보지만

구름은
하늘은
나 몰라라 하는데

중간에
애먼 내 마음은
네게로만 흐른다

목백일홍꽃

한여름
붉은 태양 작열하면
백일 붉은 꽃은 나무를 오르지만

볕이 있든 없든
꽃이 피든 지든
너를 만나
뜨거워서 붉어진 가슴은
식지도
지지도 않는데

눈치 없는 너는
여름 목백일홍꽃같이
내 얼굴이 붉다고만 한다

제3부

당신만을 사랑하리라

당신만 바라보면 당신 목소리만 들어도
하물며 당신 생각만으로도 왜 내 가슴이 불타오르지

8월 볕에

8월 볕에
푸르름이 익어 익어가면
내 뜨거운 여름 여정도 익어간다

산에서
계곡에서
바다에서

너에게 다가가는 마음
더는 감출 수 없어

사랑
그 이름으로 익어가는 가슴
네게 보이고

네가 이끄는 대로
이 여름의 종착지를 향해 가리라

그 끝에
다디단 열매를 그리며

나비야 나비야

꽃 찾아 훨훨
너른 날개 펄럭이며

오르락내리락
윗바람 아래 바람 가르며
꿀 향기 쫓다 보면

그 끝에
햇살 한 줌 앉은자리에
꽃이 있고

꽃잎 사이
속살 열고 들어가
암술과 수술 사이
꽃 점 하나 떨궈주면
아하

나비야 나비야

그 사람과

나 사이에도

꽃 점 하나 떨궈주렴

비 오는 날

비가 오면 숲으로 간다

공기를 가르며 내리는 빗방울
나뭇잎에 잠시 쉬었다
또르르 구르다
주르륵 미끄러지고
툭 풀잎 건드리면
산산이 부서져
다시 물방울로 쪼개지며

그새 품 안에 담았던
초록의 순정을 간직하고
다시 또 하나로 모여
땅속으로 속으로
그 안의 어느 뿌리 끝에서
물관을 따라 오른다

그곳에 초록

그곳이 가슴속 순정의 고향인 양
찾아든 초록 잎새

나도
그런 촉촉한 초록의 순정을 품었으려나
숲으로 간다

두 번은 울고 싶지 않은 것처럼

바람을 거슬러 눕는
풀은 없으리라
어느 풀은 거스르다가
부러진 적이 있으리라
그것이 유전자로 내려오기 전에는

하늘을 날다가 멈추는
모기는 없으리라
어느 모기는 멈추었다가
손바닥 사이에서 사라졌으리라
그것이 유전자에 의한 본능이 되기 전에는

부러지거나
사라지거나
목숨을 담보로 한 시련은
유전자로 전해져서
두 번의 실수를 용납하지 않을 것이다

내가 삶의 시련에서 배우는

죽을 만큼 아픈

그 고통으로부터

두 번은 울고 싶지 않은 것처럼

능소화에 새긴 마음

한 땀 한 땀 수를 놓듯
그리운 마음을 새깁니다

어젯밤의 그리움
오늘에 곱씹어
곱게 곱게 새겨서
담장에 걸쳐둡니다

멀리서 오는 사람
멀리서도 내 마음 읽고
담장 앞에 이르러
내 이름 불러달라고

간밤의 눈물로 떨구고
새로이 꽃잎 여는 능소화
붉어지는 꽃잎에 새겨
그리움 밝혀둡니다

이 가을에는

땡볕에 시달렸던 초록
그 위로
가을바람이 입맞춤하면
초록의 황홀경은
몸부림으로 출렁인다

사랑의 입맞춤을 기다리는
내 마음도
이미 그 사람과 입 맞춘 듯
출렁인다

왠지
이 가을에는

가을밤

귀뚤귀뚤귀뚜루
여름을 밀어내는 낯선 울음소리가 들린다

석이와 순이가 평상에 누워
밤하늘 별을 헤아리며 듣던
그 울음소리

가슴 콩닥거리는 소리보다
컸다가 작았다가
얼굴 붉히며 속삭이는 소리보다
빨랐다가 느렸다가
입술이라도 마주치면
눈 감은 도둑고양이 마냥 조용히

가을이 다시 찾아왔고
그 가을엔 순이는 멀리 떠났고
석이만 홀로 남아 가을을 탄다

가을밤

긴 한숨소리는 순이를 부르는 소리

별 헤아리는 소리는 순이를 만나는 소리

귀뚜리 울음소리는 순이의 속삭임이 되어

긴 밤

별을 달달 볶아 잠 못 들게 한다

가을날에는

넉넉한 푸르름
눈은 빛나게
귀는 즐겁게
가슴은 두근두근하게

선선한 바람
꽃향기 실어 오고
과일 향 담아 오고
너의 향 섞어 섞어 향긋하게

포근한 햇살
너와 나의 머리 위에서
너와 나를 하나로 엮어주니
너와 내가 하나가 되면

높은 하늘에
한 점 흰 구름으로
둥실둥실

가을 가슴

여름이 언제라고
가을바람 한 점 불었을 뿐인데

내 가슴에
때 이른 단풍이 붉게 익는다

그것이
너에 대한 사랑이라는 것을
알았을 때

나는
성큼 가을이 되었다

온 산 붉게 물들이듯
가슴을 붉게 붉게 물들이며

가을이 되리라

가을 햇살 아래
살풋한 가을바람이
조용히 타오르던 나뭇잎
떨구는 숲

가을 숲에서는
그 죽음마저도 아름답나니

나
숲으로 가리라

낙엽의 무덤 위에
진혼의 입맞춤하고
바이올린 현 위를
가을과 함께 걸으리라

나
이 숲에서

낙엽 앞에서도 당당한
가을이 되리라

꿈

네게 꿈길 열어 둘 테니
너만 들어와

그 안에서
너의 꿈 이야기해 줘

너와 내가 나누었던
밀어들을

가을 그리움

가을 햇살에
너의 미소를

가을 별빛에
너의 눈빛을

가을 하늘에
너의 품 안을

가을바람에
너의 향취를

가을 낙엽에
너의 뒷모습을 떠올리는
가을 병

그 가을 그리움이 그려보는
너의 얼굴은 눈물 한 방울

가을 사랑

내 가슴에
가을바람 한 줄 들어오니
나는 가을 가슴에 들어가
가을을 즐기고

내 온몸을
가을 햇살이 사랑으로 품으니
나는 가을 품으로 들어가
가을을 사랑하고

달빛 아래
가을 그림자 함께 거니는 밤
알콩달콩
그 절정의 시간이 짧기만 하다

눈물의 바다

울고 싶지 않은데
눈물이 나와

가시에 찔린 내 가슴에서
하얀 피눈물이 나와

한 방울
두 방울

그 끝을 헤아리지 못하고
눈꺼풀 덮어보면

꿈속에서도 울고 있어
네가 없는 빈 배를 타고

이 가을에는

아침이 열리고
밤이 찾아오고
또 아침이 열리고

삼백육십오 일
그 어느 하루라도
내 마음대로
여닫을 수 있다면

나는
오늘을 열지 않으리라

어젯밤
너에 대한 그리움으로
충분히 아팠기에

오늘 밤
그 아픔을

또 반복하고 싶지 않다

이 가을에는

가을 여행

쪽빛 하늘 하얀 구름은
하얀 마음으로

붉게 물든 단풍산은
붉은 마음으로

노랗게 물든 은행나무 도로는
노란 마음으로

알록달록 코스모스 오솔길은
울긋불긋 총천연색 마음으로

가을을 찾아서
너와 함께 알콩달콩 즐기는 색의 향연

모든 색을 담아온 가슴에 불을 지펴
붉게 태우면

그것은

가을 사랑

내 사랑

어머니의 겨울 앞에서

하늘엔 해가 하나
해가 지면
춥고 깜깜한 어둠이 내리듯

어머니
그 존재의 따뜻하고 밝음에
따뜻하고 밝게 살아왔고
살아가리라 생각했는데

세월은
내게 주름을 주듯이
어머니에게는
좀 더 깊은 주름과 그 속에
불치의 퇴행을 담아
고통을 주고 있습니다

지는 태양이
몸살 풀어 붉게 울 듯

불치의 고통이 일상이 되어
붉은 눈물로 흐느끼는 어머니

어찌 손 쓰지 못하는 무능함에
내 가슴에 찾아드는
검은 눈물방울 머금은 어둠이
점점 짙어만 가고

해가 서산으로 누우려니
점점 추위만 집니다

붉은 단풍

붉다고
다 같으랴

가을 햇살이
네 잎맥을 감싸고

활활 태운
불꽃 단풍일지라도

그 사람이
사랑으로 들어온

아하
내 가슴

이보다
더 붉을 수 있으랴

술 한잔할래

걸쭉한 웃음 안주에
술 한잔할래

이 밤을 밝히면서
술 한잔할래

올 때는
너의 마음을 가지고 와라

내 술잔에는 네 마음을 따르고
네 술잔에는 내 마음을 따르고

웃음 안주로 분위기 돋우며
권커니 잣거니 하다 보면

우리의 마음은 하나가 되겠지
우리의 소중한 오늘의 추억은

가을바람아

네가 떨군 나뭇잎이 몇이더냐
그 잎새만 떨구고
그 낙엽만 안고 가지

애꿎은 내 가슴은 왜 흔들고
상처를 할퀴어
방랑의 거리로 나를 끌고 가니

너 따라가면
그 끝에
그 사람이 있는 것도 아닌데

이 가을의 끝
끝 모를 역마의 종착지에서
그 사람의 마음 같은
북풍한설을 안고
고드름 같은 눈물 흘리며
돌아와야 할 것을 생각하니

걸음걸음 발밑에서

낙엽 바스러지는 단말마가

내 가슴으로 메아리친다

아픔으로 누워있습니다

당신이 떠나간
내 옆에도 빈자리
내 가슴에도 빈자리

그 빈자리를 채우지 못하고
허전함을 안고
눈물로 달래 보지만
무엇으로도 달래지지 않아
그냥 아파만 합니다

당신의 눈빛
당신의 미소
당신의 목소리
당신의 손길로 다독여야
나을 수 있는
그리움의 병을 앓고 있습니다

너무 아파서

또 눈물을 흘립니다
소리 없는 비명입니다

억새의 가을

가을바람에 흔들리는
결 고운 은빛 반짝임

세찬 바람에
뿌리마저 흔들리는 아픔
말라가는 빈 대롱에 감추고

이 가을
씨앗 속에 꼭꼭 숨겨진
유전자의 비밀을 간직하고
산과 들 저 멀리까지 날려

봄 그 언저리에서
다시 피어나려는 꿈

가을엔
그 억새의 꿈이
은빛 노래를 빚는다

낙엽의 기억

연둣빛 새싹으로 돋을 땐
희망이었다

초록빛 잎새가 푸르를 땐
영광이었다

붉은빛 단풍이 어우러질 땐
희열이었다

갈변해서 메말라 낙엽 되니
허무였다

그래도
너를 한 뼘 자라게 하고
너를 한 치 살찌운 기억을
잎맥에 새긴 것은
보람이었다

당신만을 사랑하리라

당신을
믿는 것이 잘못이라면
나는 잘못쟁이

당신을
사랑하는 것이 죄이라면
나는 사형수

내 잘못으로
사형이 집행되더라도

당신을 믿고
당신만을 사랑하리라

눈 내리는 날

송이송이
하얀 눈송이가

송이송이
눈꽃 송이 되어

송이송이
네 마음 송이로 내리며

하늘을 덮고
대지를 덮고
내 가슴을 덮으면

환희의 세상
온통 하얀 눈 속에
가슴 하나만 붉게 빛나는 날

오빠가 최고란다

따뜻한 밥
따뜻한 국
그리고 반찬 몇 가지

거나하지는 않지만
손에 닿는 대로
데우고 끓여서
한 상 차려 놓으면
오빠가 최고란다

열심히 잘 먹고는
또
오빠가 최고란다

이만한 칭찬에
어깨가 으쓱할 만도 한데
눈물이 앞선다

내가
누구인지 모르시는
어머니를 바라보며

하얀 세상

저 멀리
산이 사라지고
그 앞에
강이 사라지고

요 앞에
나무가 사라지고
그 사이에
까투리마저 날아가고 나면

눈 내리는 소리마저
경이로워
가만
입을 벌린다

눈으로만
귀로만 담아두면
흐르는 눈물 따라

부는 바람결 따라 사라질 것 같아

내 안에
하얀 세상을 온전히 담고 싶어서

첫눈

첫눈은
너와 나의 무언의 약속

그 시간
그곳
열두 번째 큰 나무 뒤
올 때까지

올 때는
멀리서 이름을 부르며
사랑 담은 미소로 달려와
양팔 벌려 안아주기

그리고 오늘
두근두근

겨울비

마지막 잎새는
지난 겨울비에 떨어지고

빈 가지에 매달린 마지막 빗방울은
바람결에 애걸이라도 하는지
제 몸을 비비 꼬다가
또 어딘가로 흩뿌려진다

빗방울을 품어 안으려던 빈 가지는
제 살을 스친 인연만으로도
바람을 가르며
목멘 소리로 울어대는데

내 가슴속에서 나는 소리와
동조가 되면

가만히 떠오르는
이름 하나

하얀 겨울

송이송이
하얀 눈송이가
살랑바람에 살랑이면

내 마음도
살랑살랑
추억 속으로 달려간다

눈을 굴려
눈사람을 만들고
눈을 뭉쳐
눈싸움하고
눈에 누워
눈을 받아먹다 보면

나도
눈사람이 되어 웃고 있고

내 옆에 하얀 눈사람 하나
당신이 웃고 있다

겨울바람

차갑게 불어대는 겨울바람
그 끝자락 부여잡고 따라나선 길

산을 넘고
강을 건너
들녘에 이르러
날 데려온 바람은 길을 잃고

나 홀로 서서
먼 하늘 바라보노라니

막혔던 가슴에서
겨울바람 한 자락 나와
들녘을 휘젓고 지나간다

이쯤에서
놓아버려야 할 그리움인 양

하얀 겨울 숲에서

오솔길
하얀 눈을 밟으며
처녀 발자국 누가 볼세라
발걸음 재촉하다 보면

어느새 하얀 눈 속에
나 하나 점으로 서 있고

고요 속에 귀를 간질이는
눈들의 흥얼거림
겨울잠 자는 씨앗을 위한
나무들의 자장가
이 길 저 끝에서 다가오는
겨울바람의 콧노래

그 소소한 합창이 들려오면
나는 두 팔 들어
하얀 숲속 겨울 악단의 지휘자가 된다

불꽃

햇살이 따스해도
바람이 불어도
눈꽃이 아름다워도

내 가슴에
불꽃이 될 리 없는데

당신만 바라보면
당신 목소리만 들어도

하물며
당신 생각만으로도

왜
내 가슴이
불타오르지